XUNZI
BIOGRAPHY

荀子传

中国历史名人传记

QING QING JIANG

江清清

PREFACE

I am excited to welcome you to the Chinese Biography series. In this series, we will discover lives of some of the most famous people from Chinese history. Each book will introduce a famous Chinese personality whose contributions were immense to shape China's future. The books in Biography series contain numerous lessons in Mandarin Chinese. We start with a brief introduction of the book in the preface (前言), a bit detailed introduction to the person, and continue to dig his life and relevant issues. Each book contains 6 to 10 chapters made of simple Chinese sentences. For the readers' convenience, a comprehensive vocabulary has been provided at the beginning of each chapter. The pinyin for the Chinese text is provided after the main text. Further, to enforce a deeper Chinese learning, the English interpretation of the Chinese text has been purposely excluded from the books. This would help the readers think deeply about the contents the way native Chinese do! In order to help the students of Mandarin Chinese remember important characters, words, long words, idioms, etc., these entities have been purposely repeated throughout the book, and across the books in the series. Taken together, the books in Biography series will tremendously help readers improve their Chinese reading skills.

If you have any questions, suggestions, and feedbacks, feel free to let me know in the review or comments.

You can find more about China and Chinese culture on my blog and Amazon homepage.

I blog at:

www.QuoraChinese.com

-Qing Qing

江清清

©2023 Qing Qing Jiang

All rights reserved.

MOST FAMOUS & TOP INFLUENTIAL PEOPLE IN CHINESE HISTORY

SELF-LEARN READING MANDARIN CHINESE, VOCABULARY, EASY SENTENCES, HSK ALL LEVELS

(PINYIN, SIMPLIFIED CHARACTERS)

ACKNOWLEDGMENTS

I am a blogger. It has been a long and interesting journey since I started blogging quite a few years ago.

The blogging passion enabled me to write useful contents. In particular, I have been writing about China, and its culture.

My passion in writing was supported by my friends, colleagues, and most importantly, the almighty.

I thank everyone for constantly inspiring me in my life endeavours.

CONTENTS

PREFACE 2
ACKNOWLEDGMENTS 4
CONTENTS 5
LIFE (人物生平) 7
THE BACKGROUND OF XUNZI (荀子的背景) 10
THE BACKGROUND OF HIS WORKS (著作之谜) 13
REGARDING HUMAN NATURE (关于人性) 16
RITE AND MUSIC ("礼" 和 "乐") 24
MORAL DEVELOPMENT (道德发展) 29
PHILISOPHY OF MUSIC ("乐"之道) 36
SOURCE OF "RITES" ("礼" 的来源) 41

前言

荀子（公元前三世纪）是一位儒家哲学家，有时被认为是三大古典儒家中的第三位（在孔子和孟子之后）。然而，在大部分的中国历史上，荀子是一个令人厌恶的人，他通常被作为一个因拒绝孟子的信念而误入歧途的儒者的例子。只有在过去的几十年里，荀子才被广泛认为是中国最伟大的思想家之一。

Xúnzi (gōngyuán qián sān shìjì) shì yī wèi rújiā zhéxué jiā, yǒushí bèi rènwéi shì sān dà gǔdiǎn rújiā zhōng de dì sān wèi (zài kǒngzǐ hé mèngzǐ zhīhòu). Rán'ér, zài dà bùfèn de zhōngguó lìshǐ shàng, xúnzi shì yīgè lìng rén yànwù de rén, tā tōngcháng bèi zuòwéi yīgè yīn jùjué mèngzǐ de xìnniàn ér wù rù qítú de rúzhě de lìzi. Zhǐyǒu zài guòqù de jǐ shí nián lǐ, xúnzi cái bèi guǎngfàn rènwéi shì zhōngguó zuì wěidà de sīxiǎngjiā zhī yī.

LIFE (人物生平)

Xunzi (荀子, ~313 BC-238 BC), also known as Xun Kuang (荀况), Xun Qing (荀卿), and Sun Qing (孙卿), was a thinker (思想家), educator (教育家), and philosopher (哲学家) of the Confucian school (儒家) in the pre-Qin era (先秦时期) during the late Warring State Period (战国时期).

In the Han Dynasty, Xunzi was called "Sun Qing" (孙卿) so as to avoid the conflict with the name Xun (卿) of Emperor Xuan of Han (汉宣帝, 91 BC-48 BC) whose real name was Liu Xun (刘询).

Unfortunately, not much is known about Xunzi's life due to the lack of the historical records. Scholars generally agree that Xunzi was a native of Zhao State (赵国人). In his early years, Xunzi travelled to Qi State (齐国) to study overseas (游学). He achieved reputation when he studied and worked at the famous Jixia Academy (稷下学宫), an institution of higher learning (学宫) in the Qi State during the Warring States Period. Later, he served thrice as Ji Jiu (祭酒) at the Jixia Academy. The ancient official position of Ji Jiu is equivalent to the modern position of the president of the university. Further, since Ji Jiu means "most senior and respected person of a profession", it implies that Xunzi served as the head of the Jixia Academy.

Xunzi also twice served as Lan Ling (兰陵) in the Chu state (楚), the position officially known as Chu Lan Lingling (楚兰陵令). During the Warring States Period, the Chu State established Lanling County (兰陵县) system. Counties were generally important military locations, and Ling (令) was the highest officer in charge of important military locations. Lanling was an administrative unit equivalent to modern cities. Lan Lingling (兰陵令) was the head of the county. So the so it can be said that Lanling was the about the same level as the mayor.

Xunzi creatively developed and refined the Confucian ideology and theories, advocating combining "rite" and "law" (礼法并施).

In the pre-Qin period, there were several of schools of thought, such as Taoism (道家), Confucianism (儒家), Mohism (墨家), and Legalism (法家). These schools of thought often vied (辩论) for prominence. Among them, Legalism and Confucianism were virtually diametrically opposed. Although Xunzi was a Confucian figure, he was a special figure of Confucianism.

Well, Xunzi accepted the teachings of Confucius in his early years, and sneered at other schools of thought. Xunzi's theories are quite complex, and they are very different from traditional Confucianism. For example, Xunzi did not agree with Mencius's theory of Good Nature (性善论, human nature is inherently good), Xunzi believed that human nature is inherently evil (人性本恶). Hence, Xunzi proposed his own theory of Evil of Human Nature (性恶论). Indeed, Xunzi was a Confucian master who developed and refined Confucianism, while absorbing Legalism. He respected propriety and righteousness, but also respected the rule of law. These all show that he was different from other Confucian scholars.

No wonder, Xunzi's theories were hated by many Confucian figures to the extent that some even thought that Xunzi was not a Confucian figure, and he was once expelled from "Confucianism" school.

Xunzi opposed the superstition of ghosts and gods; putting forward the theory of Evil of Human Nature (性恶论) and attaching importance to customs and the influence of education on people. He emphasized applying what one has learned.

Scholars of modern times have all praised Xunzi's practical view of nature, especially his idea of the separation of man and nature. Xunzi proposed to grasp the changing laws of nature and make use of it for the benefit of mankind (制天命而用之). These expositions are of great help for us to understand the origin of Xunzi's thought.

His thoughts are compiled in the book "Xunzi"《荀子》.

Xun Zi taught several famous disciples during his lifetime. Some of his famous disciples were Li Si (李斯), Han Feizi (韩非), and Zhang Cang (张苍). Xunzi's work "Xunzi"《荀子》and Han Feizi's work "Han Feizi"《韩非子》are famous works in the pre-Qin era.

Xunzi also organized the Book of Songs《诗经》, Books of History《尚书》, Book of Rites《礼记》, Classic of Music《乐经》, Book of Changes《易经》, Spring and Autumn Annals《春秋》and other Confucian classics, thereby making great contributions to the dissemination and preservation of Confucian thought and culture.

As such, Xunzi summed up the merits of various schools of thought while proposing his own academic thoughts, thereby establishing a complete philosophical system of Simple Materialism (朴素唯物主义) in the pre-Qin period.

His thoughts influenced the growth and development of feudal society for more than 2,000 years.

THE BACKGROUND OF XUNZI (荀子的背景)

1	意思是	Yìsi shì	Mean; to the effect that
2	指的是	Zhǐ de shì	Refer to; mean
3	在当时	Zài dāngshí	At that time; in those days; at the time
4	不详	Bùxiáng	Not quite clear
5	相互矛盾	Xiānghù máodùn	Contradictory
6	特别是	Tèbié shì	Particular; special
7	十三	Shí sān	Thirteen; baker's dozen
8	十四	Shí sì	Fourteen
9	十九岁	Shí jiǔ suì	Nineteen; nineteen years old; Hey Nineteen
10	齐国	Qí guó	Ancient state of Qi in what is now Shandong
11	前一个	Qián yīgè	Previous; Next; prior
12	公元前	Gōngyuán qián	B.C. (Before Christ); B.C.E. (Before the Common Era)
13	生平	Shēngpíng	All one's life; lifetime
14	来自于	Láizì yú	Come/originate from
15	参考资料	Cānkǎo zīliào	Reference; reference material
16	后人	Hòu rén	Later generations; futurity
17	作品集	Zuòpǐn jí	Portfolio; Works; Work collection
18	司马迁	Sīmǎqiān	Sima Qian (163-85 BC), a pioneering historian; author of Shi Ji (史记, Historical Records)
19	史记	Shǐjì	Historical Records, by Sima Qian

20	传记	Zhuànjì	Biography
21	扭曲	Niǔqū	Dogleg; tortuosity; warping
22	尤其是	Yóuqí shì	In particular; the more so; to crown all
23	对待	Duìdài	Treat; approach; handle; be in a position related to or compared with another
24	著名	Zhùmíng	Famous; well-known; celebrated; noted
25	哲学家	Zhéxué jiā	Philosopher
26	现代人	Xiàndài rén	Modern people
27	拼凑	Pīncòu	Scrape together; piece together; knock together; rig up
28	必然	Bìrán	Inevitable; certain; necessarily; necessity
29	试探性	Shìtàn xìng	Trial; exploratory; probing

Chinese (中文)

荀子这个名字的意思是荀大师，指的是荀况，他在当时被誉为"最爲老师"。他的确切日期不详，而且现存资料相互矛盾：特别是，对于他是在十五岁（即十三或十四岁）还是五十岁（四十八或四十九岁）时前往齐国的哲学中心，存在着分歧。前一个数字更为合理，并表明他的出生年份大约是在公元前 310 年。几乎所有关于他生平的信息都来自于《荀子》中的内部参考资料，即后人编辑的他的作品集，或者来自于司马迁（公元前 145-86 年）的《史记》中的他的传记，众所周知，《史记》包含严重的扭曲，尤其是在对待著名哲学家方面（Kern 2015）。因此，现代人试图拼凑荀况的生活，必然是试探性的。

Pinyin (拼音)

Xúnzi zhège míngzì de yìsi shì xún dàshī, zhǐ de shì xún kuàng, tā zài dāngshí bèi yù wèi "zuìwéi lǎoshī". Tā dí quèqiè rìqí bùxiáng, érqiě xiàncún zīliào xiānghù máodùn: Tèbié shì, duìyú tā shì zài shíwǔ suì (jí shísān huò shísì suì) háishì wǔshí suì (sìshíbā huò sìshíjiǔ suì) shí qiánwǎng qí guó de zhéxué zhōngxīn, cún zài zhuó fēnqí. Qián yīgè shùzì gèng wèi hélǐ, bìng biǎomíng tā de chūshēng niánfèn dàyuē shì zài gōngyuán qián 310 nián. Jīhū suǒyǒu guānyú tā shēngpíng de xìnxī dōu láizì yú "xúnzi" zhōng de nèibù cānkǎo zīliào, jí hòu rén biānjí de tā de zuòpǐn jí, huòzhě láizì yú sīmǎqiān (gōngyuán qián 145-86 nián) de "shǐjì" zhōng de tā de zhuànjì, zhòngsuǒzhōuzhī, "shǐjì" bāohán yánzhòng de niǔqū, yóuqí shì zài duìdài zhuó míng zhéxué jiā fāngmiàn (Kern 2015). Yīncǐ, xiàndài rén shìtú pīncòu xún yù de shēnghuó, bìrán shì shìtàn xìng de.

THE BACKGROUND OF HIS WORKS (著作之谜)

1	他自己	Tā zìjǐ	Himself
2	背诵	Bèisòng	Recite; repeat from memory; say by heart
3	宫廷	Gōngtíng	Palace; the monarch and his officials; royal court; court
4	图书管理员	Túshū guǎnlǐ yuán	Librarian; clerk
5	找到了	Zhǎodàole	Eureka; Found; find
6	竹简	Zhújiǎn	Bamboo slip; slips of bamboo for writing
7	自信地	Zìxìn de	With confidence
8	流传	Liúchuán	Spread; circulate; hand down; pass current
9	共识	Gòngshì	Common view
10	真迹	Zhēnjì	Authentic work
11	为主	Wéi zhǔ	Give first place to; give priority to; take something as the principal thing
12	授权	Shòuquán	Empower; authorize; warrant
13	多样性	Duōyàng xìng	Variety; various
14	特别是	Tèbié shì	Particular; special
15	本人	Běnrén	Self; I; oneself
16	头衔	Tóuxián	Rank; title
17	章节	Zhāngjié	Chapters and sections
18	划分	Huàfēn	Divide; partition; repartition; differentiate
19	似乎	Sìhū	It seems; as if; seemingly; it looks like
20	不可靠	Bù kěkào	Unsoundness; uncertain; unreliable

21	有些	Yǒuxiē	Some
22	例如	Lìrú	For instance; for example; such as
23	开头	Kāitóu	Begin; start; make a start; beginning period
24	不知道	Bù zhīdào	A stranger to; have no idea; I don't know; No
25	在哪里	Zài nǎlǐ	Where; Where is; whereabouts
26	段落	Duànluò	Paragraph; section
27	谜语	Míyǔ	Riddle; conundrum
28	论点	Lùndiǎn	Argument; thesis
29	连贯	Liánguàn	Link up; piece together; hang together; coherent

Chinese (中文)

司马迁说，荀子在晚年时打磨了他的大量著作，但这些著作并没有存于他自己的背诵本中。所有现存的《荀子》版本都来自刘向（公元前 79-8 年）的汇编，刘向是一位宫廷图书管理员，他找到了 322 个竹简，并自信地认为是荀子所写，其中 290 个是重复的。这些数字表明，荀子的文章已经独立流传了大约两个世纪。今天的普遍共识是，《荀子》是一部以真迹为主的文章集，但肯定不是以荀旷本人授权的方式组织的。

刘向资料来源的多样性之一是，有几章（特别是 "辩兵"）将荀子称为孙卿子，即 "孙主簿"，而荀子本人不会使用这个头衔。特别是章节的划分，似乎不可靠：有些章节读起来像独立的文章，而其他章节则不是。例如，在 "驳相 "中，只有开头几行涉及相学；该章的其余部分似乎由刘向不知道该在哪里插入的游离段落组成。还有一些章节是一般的教学材料，以及很少研究的诗歌和押韵的谜语。

这种安排的后果之一是，重建荀子的论点需要跨章节阅读：作为一个整体，该书传达了一个独特的哲学立场，但个别章节本身并不充分，有时甚至不连贯。

Pinyin (拼音)

Sīmǎqiān shuō, xúnzi zài wǎnnián shí dǎmóle tā de dàliàng zhùzuò, dàn zhèxiē zhùzuò bìng méiyǒu cún yú tā zìjǐ de bèisòng běn zhōng. Suǒyǒu xiàncún de "xúnzi" bǎnběn dōu láizì liú xiàng (gōngyuán qián 79-8 nián) de huìbiān, liú xiàng shì yī wèi gōngtíng túshū guǎnlǐ yuán, tā zhǎodàole 322 gè zhújiǎn, bìng zìxìn de rènwéi shì xúnzi suǒ xiě, qízhōng 290 gè shì chóngfù de. Zhèxiē shùzì biǎomíng, xúnzi de wénzhāng yǐjīng dúlì liúchuánle dàyuē liǎng gè shìjì. Jīntiān de pǔbiàn gòngshì shì, "xúnzi" shì yī bù yǐ zhēnjì wéi zhǔ de wénzhāng jí, dàn kěndìng bùshì yǐ xún kuàng běnrén shòuquán de fāngshì zǔzhī de.

Liú xiàng zīliào láiyuán de duōyàng xìng zhī yī shì, yǒu jǐ zhāng (tèbié shì "biàn bīng") jiāng xúnzi chēng wèi sūn qīng zi, jí "sūn zhǔ bù", ér xúnzi běnrén bù huì shǐyòng zhège tóuxián. Tèbié shì zhāngjié de huàfēn, sìhū bù kěkào: Yǒuxiē zhāngjié dú qǐlái xiàng dúlì de wénzhāng, ér qítā zhāngjié zé bùshì. Lìrú, zài "bó xiāng" zhōng, zhǐyǒu kāitóu jǐ xíng shèjí xiàng xué; gāi zhāng de qíyú bùfèn sìhū yóu liú xiàng bù zhīdào gāi zài nǎlǐ chārù de yóulí duànluò zǔchéng. Hái yǒu yīxiē zhāngjié shì yībān de jiàoxué cáiliào, yǐjí hěn shǎo yánjiū de shīgē hé yāyùn de míyǔ. Zhè zhǒng ānpái de hòuguǒ zhī yī shì, chóngjiàn xúnzi dì lùndiǎn xūyào kuà zhāngjié yuèdú: Zuòwéi yīgè zhěngtǐ, gāi shū chuándále yīgè dútè de zhéxué lìchǎng, dàn gèbié zhāngjié běnshēn bìng bù chōngfèn, yǒushí shènzhì bù liánguàn.

REGARDING HUMAN NATURE (关于人性)

1	哲学	Zhéxué	Philosophy
2	体现	Tǐxiàn	Embody; incarnate; reflect; give expression to
3	上面	Shàngmiàn	Above; over; on top of; on the surface of
4	提到	Tí dào	Mention; refer to
5	文本	Wénběn	Text; version
6	涉及到	Shèjí dào	Touch; involve; when it comes to; touch on; be involved in
7	引用	Yǐnyòng	Quote; cite; recommend; appoint
8	解读	Jiědú	Interpret; decode; decipher; explain (a text)
9	人性	Rénxìng	Human nature; humanity; normal human feelings; reason
10	词源	Cí yuán	The origin of a word; etymology
11	不确定	Bù quèdìng	Indeterminacy
12	孟子	Mèngzǐ	Mencius
13	有机体	Yǒujītǐ	Organism
14	意思是	Yìsi shì	Mean; to the effect that
15	所有的人	Suǒyǒu de rén	All and sundry; everybody; everyone
16	充分地	Chōngfèn de	To full advantage
17	自己的	Zìjǐ de	Self
18	认真对待	Rènzhēn duìdài	Get to grips with
19	早已	Zǎoyǐ	Long ago; for a long time

20	去世	Qùshì	Die; pass away
21	争论	Zhēnglùn	Argue; dispute; debate; argument
22	正好	Zhènghǎo	Just in time; just right; just enough
23	接近于	Jiējìn yú	Close to; approach to
24	可憎	Kězēng	Disgusting; hateful
25	及物动词	Jí wù dòngcí	Transitive verb
26	邪恶	Xié'è	Evil; ill; wicked; vicious
27	情况下	Qíngkuàng xià	Situation; Circumstances; case
28	另一个	Lìng yīgè	Another
29	反义词	Fǎnyìcí	Antonym
30	起诉	Qǐsù	Sue; prosecute; charge; bring a suit against somebody
31	被称为	Bèi chēng wèi	Known as; be known as; be called
32	冲动	Chōngdòng	Impulse; impulsion; get excited
33	节制	Jiézhì	Control; check; be moderate in; command
34	好人	Hǎorén	Good person; a healthy person; a person who tries to get along with everyone
35	有些人	Yǒuxiē rén	Some people; somebody; someone; Some people search for a fountain
36	认识到	Rènshí dào	Realize
37	没有用	Méiyǒu yòng	Without effect
38	修养	Xiūyǎng	Accomplishment; training; mastery

39	一个人	Yīgè rén	One
40	本性	Běnxìng	Natural instincts; natural character; nature; inherent quality
41	威望	Wēiwàng	Prestige
42	异端	Yìduān	Heterodoxy; heresy; heathenism
43	坟墓	Fénmù	Grave; tomb
44	手稿	Shǒugǎo	Original manuscript
45	在古代	Zài gǔdài	In ancient times; in the old days; in the ancient time
46	被认为	Bèi rènwéi	Pass for; go for; be supposed to
47	可能是	Kěnéng shì	May be; probable
48	而不是	Ér bùshì	But not; instead of; rather than; other than
49	国语	Guóyǔ	The national language used by the people at large
50	自命	Zìmìng	Consider oneself; regard oneself as
51	信条	Xìntiáo	Article of creed; article of faith; creed; precept
52	后半	Hòu bàn	Latter half; second half
53	被忽略	Bèi hūlüè	Ignored; left out; Neglected
54	有意识	Yǒuyìshí	Consciously; knowingly; wittingly; deliberately
55	特征和	Tèzhēng hé	Character sum
56	我们的	Wǒmen de	Ours
57	矫枉过正	Jiǎowǎng guòzhèng	Overcorrect; exceed proper limits;
58	一定会	Yīdìng huì	In for
59	礼义	Lǐ yì	Etiquette; rite; propriety and righteousness/justice; protocol

60	恭敬	Gōngjìng	Respectful; with great respect
61	短语	Duǎnyǔ	Phrase
62	由于这个原因	Yóuyú zhège yuányīn	On this account; for this reason; because of this; in this context
63	文体	Wéntǐ	Type of writing; literary form; style; recreation and sports
64	麻烦	Máfan	Troublesome; inconvenient
65	偶尔	Ǒu'ěr	Once in a while; occasionally
66	指责	Zhǐzé	Censure; criticize; find fault with
67	腐败	Fǔbài	Rotten; putrid; decayed; go home
68	不真实	Bù zhēnshí	Untruthfulness

Chinese (中文)

荀子提出的"人性恶",是进入荀子哲学的一个合理点,原因有很多:它体现了上面提到的一些文本问题;它涉及到本集的一个核心主题;而且几个世纪以来,它是荀子中最常被引用的部分。

首先,需要对这两个关键词进行解读"人性",是一个词源不确定的术语,早期的哲学家们以微妙的不同方式使用它。例如,孟子(公元前 372-289 年)用它来指代一个有机体在适当的条件下有望达到的理想状态,或者说是一种朝向这种状态的先天倾向。著名的是,孟子认为人类的兴是善,他的意思是,所有的人都有能力成为善,尽管在现实中,不是所有的人都是善的,因为他们没有充分地发挥自己的作用,或者甚至没有认真对待这个义务。

在《荀子》中,"人性恶"是作为与孟子(可能早已去世)的争论而提出的,并认为人类的 "兴 "与 "善 "正好相反,即 "恶"。"恶 "

的基本含义接近于"可憎"（作为一个及物动词，"恶"的意思是"讨厌"）；只有在理解到类似奥古斯丁式的邪恶概念的情况下，才能接受翻译为"邪恶"。(有些学者选择"坏"，这是英语中"好"的另一个标准反义词。)但在起诉这一立场时，荀子在一个根本不同的意义上使用"兴"："生而为人者，谓之兴"。因此，"兴"指的是我们出生时就有的基本能力、能力和欲望，它们不能被称为"善"，因为遵循我们"兴"的冲动，而不去反思和节制它们，会导致我们做出有害的行为。

实际上，荀子和孟子都认为，人类都有能力成为好人，尽管有些人发展了这种能力，有些人没有。主要的区别，最近才被认识到，是他们没有用相同的"兴"的隐含定义来操作，而且荀子对道德自我修养的建议--即如何克服一个人固有的可憎的本性--比孟子的更复杂，我们将看到。由于孟子后来的威望，人们通常认为荀子对"兴"的定义是异端的，甚至是故意颠覆的。但是，最近从现代郭店镇附近的一座坟墓中挖掘出来的一组儒家手稿表明，在古代被认为是偏心的可能是孟子对"兴"的使用，而不是荀子的。《国语》中的"兴自命出"对"兴"的定义与《荀子》非常相似：一个物种的所有成员所共有的一组先天特征。

固定在"人性本恶"的标题上（可能来自或不来自荀子本人），会导致本章信条的后半部分被忽略："善者伪也"（其善者伪）。"伪"（wei）指的是我们通过自己的有意识的行为获得的所有特征和习惯。如果我们实现了任何善，那一定是由于我们的矫枉过正：而服从一个人的兴，跟随一个人的情绪，一定会导致争夺和抢劫......老师的方法和礼义之道带来的转变，将导致恭敬和礼貌，符合精致和原则，并回归秩序。

因此，用来表示道德自我修养的短语不是克服或放弃兴，而是改造它（huaxing 化性）。由于这个原因，除了文体特征给一些读者带来麻烦外，该章偶尔也被指责为腐败或不真实。

Pinyin (拼音)

Xúnzi tíchū de"rénxìng è", shì jìnrù xúnzi zhéxué de yīgè hélǐ diǎn, yuányīn yǒu hěnduō: Tā tǐxiànle shàngmiàn tí dào de yīxiē wénběn wèntí; tā shèjí dào běn jí de yīgè héxīn zhǔtí; érqiě jǐ gè shì jì yǐlái, tā shì xúnzi zhōng zuì cháng bèi yǐnyòng de bùfèn.

Shǒuxiān, xūyào duì zhè liǎng gè guānjiàn cí jìnxíng jiědú"rénxìng", shì yīgè cí yuán bù quèdìng de shùyǔ, zǎoqí de zhéxué jiāmen yǐ wéimiào de bùtóng fāngshì shǐyòng tā. Lìrú, mèngzǐ (gōngyuán qián 372-289 nián) yòng tā lái zhǐ dài yīgè yǒujītǐ zài shìdàng de tiáojiàn xià yǒuwàng dádào de lǐxiǎng zhuàngtài, huòzhě shuō shì yī zhǒng cháoxiàng zhè zhǒng zhuàngtài de xiāntiān qīngxiàng. Zhùmíng de shì, mèngzǐ rènwéi rénlèi de xìng shì shàn, tā de yìsi shì, suǒyǒu de rén dōu yǒu nénglì chéngwéi shàn, jǐnguǎn zài xiànshí zhōng, bùshì suǒyǒu de rén dōu shì shàn de, yīnwèi tāmen méiyǒu chōngfèn de fāhuī zìjǐ de zuòyòng, huòzhě shènzhì méiyǒu rènzhēn duìdài zhège yìwù.

Zài "xúnzi" zhōng,"rénxìng è"shì zuòwéi yǔ mèngzǐ (kěnéng zǎoyǐ qùshì) de zhēnglùn ér tíchū de, bìng rènwéi rénlèi de"xìng"yǔ"shàn"zhènghǎo xiāngfǎn, jí"è". "È"de jīběn hányì jiējìn yú"kězēng"(zuòwéi yīgè jí wù dòngcí,"è"de yìsi shì"tǎoyàn"); zhǐyǒu zài lǐjiě dào lèisì àogǔsīdīng shì de xié'è gàiniàn de qíngkuàng xià, cáinéng jiēshòu fānyì wèi"xié'è". (Yǒuxiē xuézhě xuǎnzé"huài", zhè shì yīngyǔ zhòng"hǎo"de lìng yīgè biāozhǔn fǎnyìcí.) Dàn zài qǐsù zhè yī lìchǎng shí, xúnzi zài yīgè gēnběn bùtóng de yìyì shàng shǐyòng"xìng":"Shēng ér wéi rén zhě, wèi zhī xìng". Yīncǐ,"xìng"zhǐ de shì wǒmen chūshēng shí jiù yǒu de jīběn nénglì, nénglì hé yùwàng, tāmen bùnéng bèi chēng wèi"shàn", yīnwèi zūnxún wǒmen"xìng"de chōngdòng, ér bù qù fǎnsī hé jiézhì tāmen, huì dǎozhì wǒmen zuò chū yǒuhài de xíngwéi.

Shíjì shang, xúnzi hé mèngzǐ dōu rènwéi, rénlèi dōu yǒu nénglì chéngwéi hǎorén, jǐnguǎn yǒuxiē rén fà zhǎn le zhè zhǒng nénglì, yǒuxiē rén méiyǒu. Zhǔyào de qūbié, zuìjìn cái bèi rènshí dào, shì tāmen méiyǒu yòng xiāngtóng de"xìng"de yǐn hán dìngyì lái cāozuò, érqiě xúnzi duì dàodé zìwǒ xiūyǎng de jiànyì--jí rúhé kèfú yīgè rén gùyǒu de kězēng de běnxìng--bǐ mèngzǐ de gèng fùzá, wǒmen jiāng kàn dào. Yóuyú mèngzǐ hòulái de wēiwàng, rénmen tōngcháng rènwéi xúnzi duì"xìng"de dìngyì shì yìduān dì, shènzhì shì gùyì diānfù de. Dànshì, zuìjìn cóng xiàndài guō diàn zhèn fùjìn de yīzuò fénmù zhōng wājué chūlái de yī zǔ rújiā shǒugǎo biǎomíng, zài gǔdài bèi rènwéi shì piānxīn de kěnéng shì mèngzǐ duì"xìng"de shǐyòng, ér bùshì xúnzi de. "Guóyǔ" zhōng de"xìng zìmìng chū"duì"xìng"de dìngyì yǔ "xúnzi" fēicháng xiāngsì: Yīgè wùzhǒng de suǒyǒu chéngyuán suǒ gòngyǒu de yī zǔ xiāntiān tèzhēng.

Gùdìng zài"rénxìng běn è"de biāotí shàng (kěnéng láizì huò bù láizì xúnzi běnrén), huì dǎozhì běnzhāng xìntiáo de hòu bàn bùfèn bèi hūlüè:"Shàn zhě wěi yě"(qí shàn zhě wěi). "Wěi"(wei) zhǐ de shì wǒmen tōngguò zìjǐ de yǒuyìshí de xíngwéi huòdé de suǒyǒu tèzhēng hé xíguàn. Rúguǒ wǒmen shíxiànle rènhé shàn, nà yīdìng shì yóuyú wǒmen de jiǎowǎngguòzhèng: Ér

fúcóng yīgè rén de xìng, gēnsuí yīgè rén de qíngxù, yīdìng huì dǎozhì zhēngduó hé qiǎngjié..... Lǎoshī de fāngfǎ hé lǐ yì zhī dào dài lái de zhuǎnbiàn, jiāng dǎozhì gōngjìng hé lǐmào, fúhé jīngzhì hé yuánzé, bìng huíguī zhìxù.

Yīncǐ, yòng lái biǎoshì dàodé zìwǒ xiūyǎng de duǎnyǔ bùshì kèfú huò fàngqì xìng, ér shì gǎizào tā (huaxing huà xìng). Yóuyú zhège yuányīn, chúle wèntí tèzhēng gěi yīxiē dúzhě dài lái máfan wài, gāi zhāng ǒu'ěr yě pī zhǐzé wèi fǔbài huò bù zhēnshí.

RITE AND MUSIC ("礼" 和 "乐")

1	孟子	Mèngzǐ	Mencius
2	大观	Dàguān	Grand sight; magnificent spectacle
3	成就需要	Chéngjiù xūyào	Achievement need
4	巨大的努力	Jùdà de nǔlì	Tremendous efforts; gigantic efforts
5	促使	Cùshǐ	Precipitate; impel; urge; spur
6	不同意	Bù tóngyì	Disagree
7	信念	Xìnniàn	Faith; belief; conviction; persuasion
8	道德行为	Dàodé xíngwéi	Moral acts; moral behavior
9	之外	Zhī wài	Besides; except; beyond
10	根本上	Gēnběn shàng	Fundamentally; basically; radically
11	对立	Duìlì	Oppose; set something against; be antagonistic to;
12	向内	Xiàng nèi	Inward
13	如果不	Rúguǒ bù	Unless; if not; without; not...unless
14	向外	Xiàng wài	Outward
15	普通人	Pǔtōng rén	The average person; ordinary people
16	圣人	Shèngrén	Sage; wise man
17	什么是	Shénme shì	What is
18	段落	Duànluò	Paragraph; section
19	表面上	Biǎomiàn shàng	Superficial; ostensible; seeming; apparent

20	联想	Liánxiǎng	Associate; connect in the mind
21	归结为	Guījié wéi	Attribute to
22	认识到	Rènshí dào	Realize
23	无节制	Wú jiézhì	Immoderation; incontinence
24	追随	Zhuīsuí	Follow
25	他们的	Tāmen de	Their; theirs
26	欲望	Yùwàng	Desire; wish; lust
27	边界	Biānjiè	Boundary; frontier; border; borderline
28	容纳	Róngnà	Hold; have a capacity of; contain; accommodate
29	物品	Wùpǐn	Article; goods
30	国王	Guówáng	King
31	礼仪	Lǐyí	Etiquette; rite; protocol
32	以便	Yǐbiàn	So that; in order to; so as to; with the aim of
33	等级	Děngjí	Grade; rank; order and degree; social estate
34	仪式	Yíshì	Ceremony; rite; function
35	惯例	Guànlì	Convention; usual practice; customary rule; customs and usages
36	不充分	Bù chōngfèn	Insufficiency
37	否认	Fǒurèn	Deny; repudiate
38	任意选择	Rènyì xuǎnzé	Optional
39	相反	Xiāngfǎn	Opposite; contrary; adverse; reverse
40	合法	Héfǎ	Legal; lawful; legitimate; rightful
41	之所以	Zhī suǒyǐ	The reason why
42	必然	Bìrán	Inevitable; certain; necessarily; necessity

43	物种	Wùzhǒng	Species
44	遵守	Zūnshǒu	Observe; abide by; comply with
45	区别	Qūbié	Distinguish; differentiate; make a distinction between; difference
46	老人	Lǎorén	Old man or woman; the aged; the old; one's aged parents or grandparents
47	小孩	Xiǎohái	Child
48	等等	Děng děng	Wait a minute; and so on; and so on and so forth; etc.; and others
49	区分	Qūfēn	Discriminate; differentiate; distinguish;

Chinese (中文)

如果荀子最终同意孟子的大观点：人可以完善自己，而这种成就需要巨大的努力和自我激励，那么是什么促使荀子不同意孟子对"兴"的描述呢？也许荀子希望强调他的信念，即道德行为的正确模式在自我之外，这与孟子的四端概念根本上是对立的。孟子一直强调向内寻找道德方向--有时会因为承认心会被腐蚀而变得复杂--而荀子式的自我修养如果不向外看是无法想象的。

荀子认为，对于大多数普通人来说，最好的指导是古代圣人传下来的一套仪式。什么是礼，为什么圣人要制定这些礼？在一些段落中，荀子以一种表面上让人联想到霍布斯或卢梭的方式，将仪式的起源归结为圣人认识到无节制的竞争会产生一种全球不可持续的状况。

如果人们追随他们的欲望，那么边界就不能容纳他们，物品也不能满足他们。因此，前代国王约束他们，并为他们建立礼仪和道德，以便将他们分为不同的等级。

有时这些仪式被描述为有效的社会惯例，但这是不充分的，原因有两个：

首先，荀子在其他地方明确否认任意选择的一套仪式会是有效的。相反，圣王的仪式是合法的，因为它们符合 "人之所以为人"；言下之意，任何竞争的仪式规范都必然失败。具体来说，人类与其他动物物种不同，要遵守某些区别（辨）--男性与女性有区别，老人与小孩有区别，等等，我们这样做是完全自然的。圣人王的仪式确认了我们因自然而必须做出的区分（核心文本是来自《荀子》）。

Pinyin (拼音)

Rúguǒ xúnzi zuìzhōng tóngyì mèngzǐ de dà guāndiǎn: Rén kěyǐ wánshàn zìjǐ, ér zhè zhǒng chéngjiù xūyào jùdà de nǔlì hé zìwǒ jīlì, nàme shì shénme cùshǐ xúnzi bùtóngyì mèngzǐ duì"xìng"de miáoshù ne? Yěxǔ xúnzi xīwàng qiángdiào tā de xìnniàn, jí dàodé xíngwéi de zhèngquè móshì zài zìwǒ zhī wài, zhè yǔ mèngzǐ de sì duān gàiniàn gēnběn shàng shì duìlì de. Mèngzǐ yīzhí qiángdiào xiàng nèi xúnzhǎo dàodé fāngxiàng-- yǒushí huì yīnwèi chéngrèn xīn huì bèi fǔshí ér biàn dé fùzá--ér xún zǐ shì de zìwǒ xiūyǎng rúguǒ bù xiàng wài kàn shì wúfǎ xiǎngxiàng de.

Xún zǐ rènwéi, duìyú dà duōshù pǔtōng rén lái shuō, zuì hǎo de zhǐdǎo shì gǔdài shèngrén chuán xiàlái de yī tào yíshì. Shénme shì lǐ, wèishéme shèngrén yào zhìdìng zhèxiē lǐ? Zài yīxiē duànluò zhōng, xún zǐ yǐ yī zhǒng biǎomiàn shàng ràng rén liánxiǎng dào huò bù sī huò lúsuō de fāngshì, jiāng yíshì de qǐyuán guījié wéi shèngrén rènshí dào wú jiézhì de jìngzhēng huì chǎnshēng yī zhǒng quánqiú bùkě chíxù de zhuàngkuàng.

Rúguǒ rénmen zhuīsuí tāmen de yùwàng, nàme biānjiè jiù bùnéng róngnà tāmen, wùpǐn yě bùnéng mǎnzú tāmen. Yīncǐ, qián dài guówáng yuēshù tāmen, bìng wèi tāmen jiànlì lǐyí hé dàodé, yǐbiàn jiāng tāmen fēn wéi bùtóng de děngjí.

Yǒushí zhèxiē yíshì bèi miáoshù wèi yǒuxiào de shèhuì guànlì, dàn zhè shì bù chōngfèn de, yuányīn yǒu liǎng gè:

Shǒuxiān, xúnzi zài qítā dìfāng míngquè fǒurèn rènyì xuǎnzé de yī tào yíshì huì shì yǒuxiào de. Xiāngfǎn, shèng wáng de yíshì shì héfǎ de, yīnwèi tāmen fúhé "rén zhī suǒyǐ wéirén"; yán xià zhī yì, rènhé jìngzhēng de yíshì guīfàn dōu bìrán shībài. Jùtǐ lái shuō, rénlèi yǔ qítā dòngwù wùzhǒng bù tóng, yào zūnshǒu mǒu xiē qūbié (biàn)--nánxìng yǔ nǚxìng yǒu qūbié, lǎorén yǔ xiǎohái yǒu qūbié, děng děng, wǒmen zhèyàng zuò shì wánquán zìrán de. Shèngrén wáng de yíshì quèrènle wǒmen yīn zìrán ér bìxū zuò chū de qūfēn (héxīn wénběn shì láizì "xúnzi").

MORAL DEVELOPMENT (道德发展)

1	事实上	Shìshí shàng	In fact; in reality; as a matter of fact; actually
2	如果不是	Rúguǒ bùshì	If not; but for; If No
3	权宜之计	Quányí zhī jì	A matter of expediency; an improvised makeshift; a temporary expedient; expedient measure
4	而不是	Ér bùshì	But not; instead of; rather than; other than
5	礼节	Lǐjié	Courtesy; etiquette; protocol; ceremony
6	它们的	Tāmen de	Their; theirs
7	葬礼	Zànglǐ	Funeral ceremony; obsequies; funeral rites; funeral
8	不礼貌	Bù lǐmào	Discourtesy; impolite; bad manners; rude
9	吝啬	Lìnsè	Stingy; niggardly; miserly; mean
10	已故	Yǐ gù	Deceased; late
11	统治者	Tǒngzhì zhě	Ruler; sovereign
12	强制性	Qiángzhì xìng	Mandatory
13	哀悼	Āidào	Grieve over somebody's death; lament somebody's death
14	衰弱	Shuāiruò	Weak; feeble; fall into a decline; debility
15	正确地	Zhèng què de	Correctly; in perspective; in the right direction; in the right way
16	行事	Xíngshì	Act; handle matters
17	持续时间	Chíxù	Duration; length of time; time of

		shíjiān	duration
18	一个人	Yīgè rén	One
19	顶点	Dǐngdiǎn	Apex; zenith; acme; vertex
20	饮酒	Yǐnjiǔ	Drink
21	贵宾	Guìbīn	Honored guest; distinguished guest
22	贵族	Guìzú	Noble; nobleman; aristocrat; nobility
23	平民	Píngmín	The populace; the common people
24	他们的	Tāmen de	Their; theirs
25	向下	Xiàng xià	Downward; down
26	敬酒	Jìngjiǔ	Propose a toast; toast
27	资历	Zīlì	Qualifications and record of service
28	任何人	Rènhé rén	Anyone; anybody
29	主宾	Zhǔ bīn	Guest of honor
30	退席	Tuìxí	Leave a banquet
31	鞠躬	Jūgōng	Bow
32	闲暇	Xiánxiá	Leisure
33	宴请	Yànqǐng	Entertain; fete
34	领悟	Lǐngwù	Comprehend; grasp; understand
35	圣人	Shèngrén	Sage; wise man
36	道德原则	Dàodé yuánzé	Moral principle
37	我们的	Wǒmen de	Ours
38	整整	Zhěngzhěng	Whole; full; exactly
39	篇幅	Piānfú	The length of an article
40	本质上	Běnzhí shàng	Essentially; at heart; in essence; in nature
41	术语	Shùyǔ	Term; terminology
42	另一个	Lìng yīgè	Another
43	和乐	Hé lè	Harmonious and happy
44	被理解	Bèi lǐjiě	Get across; sink in; come across

45	技艺	Jìyì	Skill; artistry; feat
46	儒家	Rújiā	The Confucian school
47	冲动	Chōngdòng	Impulse; impulsion
48	令人讨厌	Lìng rén tǎoyàn	Annoying; bore; disgusting
49	情绪反应	Qíngxù fǎnyìng	Emotional response
50	可能会	Kěnéng huì	Likely; may; maybe
51	音乐作品	Yīnyuè zuòpǐn	Musical work; works of music
52	表达自己	Biǎodá zìjǐ	Express oneself; Express yourself; assert yourself
53	意思是	Yìsi shì	Mean; to the effect that
54	典籍	Diǎnjí	Ancient codes and records; ancient books and records
55	无可比拟	Wú kě bǐnǐ	There is nothing comparable to this; beyond compare; inapproachable; incomparable
56	宝库	Bǎokù	Treasure-house; treasury vault; treasury
57	反驳	Fǎnbó	Refute; confute; retort; rebut
58	墨家	Mòjiā	Mohist school
59	浪费	Làngfèi	Waste; squander; dissipate; wanton
60	追随者	Zhuīsuí zhě	Follower; following; adherent
61	认识到	Rènshí dào	Realize
62	道德	Dàodé	Morals; morality; ethics
63	劝导	Quàndǎo	Try to persuade; exhort; advise; induce
64	效用	Xiàoyòng	Effectiveness; efficacy; efficiency; utility

Chinese (中文)

其次，在荀子的概念中，仪式不仅促进社会凝聚力，而且还促进道德和心理发展。事实上，如果不是这样，它们就只是权宜之计的工具，而不是礼节。当荀子开始讨论具体的仪式和它们的目的时，这些层面就变得很清楚。例如，我们观察有关葬礼仪式和坟墓物品的规定，是为了学习如何避免不礼貌和吝啬。同样，对已故统治者和父母的强制性三年哀悼期，通过为我们提供合适的形式来表达深刻到可能衰弱的情感，帮助我们正确地行事。

当一个伤口是巨大的，它的持续时间就会很长；当痛苦是深刻的，恢复就会很慢。三年的哀悼期是一种与情感有关的形式；它是传达一个人痛苦的顶点的手段。

一个被广泛讨论的仪式是乡村的饮酒仪式（乡）。主人亲自迎接贵宾，但希望其他客人自己来，这一事实强调了需要在贵族和平民之间做出区分。而每个参与者根据他们的年龄连续向下一个参与者敬酒的细节表明，人们可以根据资历来调整社会，而不排斥任何人。当主宾退席时，主人鞠躬并送他出去，正式场合就结束了：这是为了让人们知道，人们可以在闲暇时宴请，而不会变得无序。其明确的含义是，通过参加仪式，我们可以逐渐领悟圣人希望我们体现的道德原则（《荀子》20.5）。

荀子的仪式在我们的情感和道德发展中具有如此重要的作用，以至于他用了整整一章的篇幅来限制那些本质上是艺术表达的仪式。他使用的术语是"乐"（yue），它与仪式不同，但荀子对它们的起源和目的的概念是如此相似，以至于我们几乎不能离开另一个来谈论一个。因此，"礼和乐"只能被理解为人类技艺的两个方面。"礼"

指的是影响社会凝聚力的文化形式，"乐"指的是那些涉及人类情感的有序表达。关键的一点是，圣人创造了这两样东西。

像所有的儒家一样，荀子接受人类有某些不可抗拒的冲动，这些冲动本身并不令人讨厌。问题是，仅由情绪反应驱动的未经反思的爆发可能会造成伤害，因此我们被要求注意我们的冲动，而不是要消灭它们。为了在这个过程中帮助我们，圣人留下了适当的音乐作品，我们可以用它来引导我们表达自己的需要。荀子的意思是指《诗》的典籍，所有的儒家似乎都把它看作是一个无可比拟的教化文学的宝库。

荀子在这一节的直接目的是要反驳墨家关于音乐是浪费的观点。荀子反驳说，墨翟（约公元前 390 年）和他的追随者只关注物质成本，没有认识到音乐作为道德劝导工具的心理效用。

Pinyin (拼音)

Qícì, zài xúnzi de gàiniàn zhōng, yíshì bùjǐn cùjìn shèhuì níngjùlì, érqiě hái cùjìn dàodé hé xīnlǐ fā zhǎn. Shìshí shàng, rúguǒ bùshì zhèyàng, tāmen jiù zhǐshì quányí zhī jì de gōngjù, ér bùshì lǐjié. Dāng xúnzi kāishǐ tǎolùn jùtǐ de yíshì hé tāmen de mùdì shí, zhèxiē céngmiàn jiù biàn dé hěn qīngchǔ. Lìrú, wǒmen guānchá yǒuguān zànglǐ yíshì hé fénmù wùpǐn de guīdìng, shì wèile xuéxí rúhé bìmiǎn bu lǐmào hé lìnsè. Tóngyàng, duì yǐ gù tǒngzhì zhě hé fùmǔ de qiángzhì xìng sān nián āidào qī, tōngguò wèi wǒmen tígōng héshì de xíngshì lái biǎodá shēnkè dào kěnéng shuāiruò de qínggǎn, bāngzhù wǒmen zhèngquè dì xíngshì.

Dāng yīgè shāngkǒu shì jùdà de, tā de chíxù shíjiān jiù huì hěn zhǎng; dāng tòngkǔ shì shēnkè de, huīfù jiù huì hěn màn. Sān nián de āidào qī shì yī zhǒng yǔ qínggǎn yǒuguān de xíngshì; tā shì chuándá yīgè rén tòngkǔ de dǐngdiǎn de shǒuduàn.

Yīgè bèi guǎngfàn tǎolùn de yíshì shì xiāngcūn de yǐnjiǔ yíshì (xiāng). Zhǔrén qīnzì yíngjiē guìbīn, dàn xīwàng qítā kèrén zìjǐ lái, zhè yī shìshí qiángdiàole xūyào zài guìzú hé píngmín zhī jiān zuò chū qūfēn. Ér měi gè cānyù zhě gēnjù tāmen de niánlíng liánxù xiàng xià yīgè cānyù zhě jìngjiǔ de xìjié biǎomíng, rénmen kěyǐ gēnjù zīlì lái tiáozhěng shèhuì, ér bù páichì rènhé rén. Dāngzhǔ bīn tuìxí shí, zhǔrén jūgōng bìng sòng tā chūqù, zhèngshì chǎnghé jiù jiéshùle: Zhè shì wèile ràng rénmen zhīdào, rénmen kěyǐ zài xiánxiá shí yànqǐng, ér bù huì biàn dé wú xù. Qí míngquè de hányì shì, tōngguò cānjiā yíshì, wǒmen kěyǐ zhújiàn lǐngwù shèngrén xīwàng wǒmen tǐxiàn de dàodé yuánzé ("xúnzi" 20.5).

Xúnzi de yíshì zài wǒmen de qínggǎn hé dàodé fāzhǎn zhōng jùyǒu rúcǐ zhòngyào de zuòyòng, yǐ zhìyú tā yòngle zhěngzhěng yī zhāng de piānfú lái xiànzhì nàxiē běnzhí shàng shì yìshù biǎodá de yíshì. Tā shǐyòng de shùyǔ shì "lè"(yue), tā yǔ yíshì bùtóng, dàn xúnzi duì tāmen de qǐyuán hé mùdì de gàiniàn shì rúcǐ xiāngsì, yǐ zhìyú wǒmen jīhū bùnéng líkāi lìng yīgè lái tánlùn yīgè. Yīncǐ, "lǐ hé lè" zhǐ néng bèi lǐjiě wéi rénlèi jìyì de liǎng gè fāngmiàn. "Lǐ" zhǐ de shì yǐngxiǎng shèhuì níngjùlì de wénhuà xíngshì, "lè" zhǐ de shì nàxiē shèjí rénlèi qínggǎn de yǒu xù biǎodá. Guānjiàn de yīdiǎn shì, shèngrén chuàngzàole zhè liǎngyàng dōngxī.

Xiàng suǒyǒu de rújiā yì yàng, xúnzi jiēshòu rénlèi yǒu mǒu xiē bùkě kàngjù de chōngdòng, zhèxiē chōngdòng běnshēn bìng bù lìng rén tǎoyàn. Wèntí shì, jǐn yóu qíngxù fǎnyìng qūdòng de wèi jīng fǎnsī de bàofā kěnéng huì zàochéng shānghài, yīncǐ wǒmen bèi yāoqiú zhùyì wǒmen de chōngdòng, ér bùshì yào xiāomiè tāmen. Wèile zài zhège guòchéng zhōng bāngzhù wǒmen, shèngrén liú xiàle shìdàng de yīnyuè zuòpǐn, wǒmen kěyǐ yòng tā lái yǐndǎo wǒmen biǎodá zìjǐ de xūyào. Xúnzi de yìsi shì zhǐ "shī" de diǎnjí, suǒyǒu de rújiā sìhū dōu bǎ tā kàn zuò shì yīgè wú kě bǐnǐ de jiàohuà wénxué de bǎokù.

Xúnzi zài zhè yī jié de zhíjiē mùdì shì yào fǎnbó mòjiā guānyú yīnyuè shì làngfèi de guāndiǎn. Xún zǐ fǎnbó shuō, mò dí (yuē gōngyuán qián 390 nián) hé tā de zhuīsuí zhě zhǐ guānzhù wùzhí chéngběn, méiyǒu rènshí dào yīnyuè zuòwéi dàodé quàndǎo gōngjù de xīnlǐ xiàoyòng.

PHILISOPHY OF MUSIC ("乐"之道)

1	散漫	Sànmàn	Undisciplined; careless and sloppy; unorganized; scattered
2	严厉	Yánlì	Stern; severe
3	严肃	Yánsù	Serious; solemn; earnest
4	而不是	Ér bùshì	But not; instead of; rather than; other than
5	无序	Wú xù	Out-of-order; disorder; unordered
6	坚定	Jiāndìng	Firm; staunch; steadfast
7	城池	Chéngchí	City wall and moat; city
8	敌国	Díguó	Enemy state; hostile country; hostile power
9	不敢	Bù gǎn	Dare not; not dare
10	儒家思想	Rújiā sīxiǎng	Confucianism
11	变体	Biàn tǐ	Variant; version; modification
12	儒家	Rújiā	The Confucian school
13	在战场上	Zài zhànchǎng shàng	On field of battle
14	取得成功	Qǔdé chénggōng	Achieve success; succeed; succeed in; be successful
15	暴君	Bàojūn	Tyrant; despot
16	霸主	Bàzhǔ	A powerful chief of the princes of the Spring and Autumn Period
17	领主	Lǐngzhǔ	Feudal lord; suzerain
18	著作	Zhùzuò	Work; book; writings; opus
19	尤其是	Yóuqí shì	In particular; the more so; to crown all
20	邻国	Lín guó	Neighboring country

21	统治者	Tǒngzhì zhě	Ruler; sovereign
22	为自己	Wèi zìjǐ	For oneself; for himself; for myself
23	侵略行为	Qīnlüè xíngwéi	Aggression; act of aggression
24	辩护	Biànhù	Speak in defense of; argue in favor of; defend; plead
25	战场	Zhànchǎng	Battlefield; battleground; battlefront
26	成败	Chéngbài	Success or failure
27	通向	Tōng xiàng	Lead to
28	公爵	Gōngjué	Duke
29	就是这样	Jiùshì zhèyàng	This is it; that's it
30	他们的	Tāmen de	Their; theirs
31	谷物	Gǔwù	Grain; cereal
32	祭坛	Jìtán	Sacrificial altar; altar
33	灭亡	Mièwáng	Be destroyed; become extinct; perish; die out
34	崇尚	Chóngshàng	Uphold; advocate
35	礼仪	Lǐyí	Etiquette; rite; protocol
36	推崇	Tuīchóng	Hold in esteem; praise highly
37	臭名昭著	Chòumíng zhāozhù	Notorious reputation; of ill repute; notorious; arrant
38	秦始皇	Qínshǐhuáng	Qin Shi Huang; First Emperor of Qin
39	弱点	Ruòdiǎn	Weakness; weak point; failing; blind side
40	他自己	Tā zìjǐ	Himself
41	免于	Miǎn yú	Avoid; avert
42	贪婪	Tānlán	Avaricious; greedy; rapacious
43	侵略	Qīnlüè	Invade; aggress; aggression; invasion

Chinese (中文)

当音乐是中心的、平衡的，人们就会和谐而不散漫。当音乐是严厉和严肃的时候，人民是统一的，而不是无序的。当人民和谐一致时，军队就会坚定，城池就会安全，敌国就不敢入侵。

例如，在《战国策》中，荀子对古老的儒家思想提出了一个独特的变体，即真正的国王（王--在儒家话语中一直是一个道德术语）甚至不用战斗就能在战场上取得成功，因为民众不会支持暴君或霸主（霸，用蛮力统治的领主）。荀子的独特之处在于，他强调仪式是一个秩序良好的国家的关键。可以肯定的是，早期的著作也曾讨论过仪式是国家管理的基础，尤其是《左传》中的场景，其中一个即将攻击邻国的统治者公开为自己的侵略行为辩护，理由是他只是在 "惩罚 "敌人不可容忍的违反仪式的行为。但荀子把礼的意义提高到一个新的高度：在他看来，统治者按照礼治理国家的能力是决定战场成败的唯一标准。在确定了 "隆礼 "是通向秩序和力量的真正途径之后，荀子用特有的语言进行了阐述。

当国王和公爵遵循[礼]时，他们就是这样获得世界的；当他们不遵循礼时，他们就是这样使他们的土壤和谷物的祭坛灭亡的。

即使是先进的军事技术也比不上一个 "崇尚礼仪，推崇道德 "的国王。

因此，在评估秦国--它将在臭名昭著的秦始皇（公元前 221-210 年）统治下统一中国世界--的两段文字中，荀子承认它的力量，但诊断出一个可纠正的弱点：它缺乏受过教育的道德顾问（如他自己）来指导统治者，使其免于自我毁灭的贪婪和侵略。此外，这样的顾问应该有一个儒家的方向（《荀子》8.2-10 和 16.4-6）。大多数古代作家的判断是，秦国从未纠正过这个弱点。

Pinyin (拼音)

Dāng yīnyuè shì zhōngxīn de, pínghéng de, rénmen jiù huì héxié ér bú sànmàn. Dāng yīnyuè shì yánlì hé yánsù de shíhòu, rénmín shì tǒngyī de, ér bùshì wú xù de. Dāng rénmín héxié yīzhì shí, jūnduì jiù huì jiāndìng, chéngchí jiù huì ānquán, díguó jiù bù gǎn rùqīn.

Lìrú, zài "zhànguó cè" zhōng, xúnzi duì gǔlǎo de rújiā sīxiǎng tíchūle yīgè dútè de biàn tǐ, jí zhēnzhèng de guówáng (wáng--zài rújiā huàyǔ zhòng yīzhí shì yīgè dàodé shùyǔ) shènzhì bùyòng zhàndòu jiù néng zài zhànchǎng shàng qǔdé chénggōng, yīnwèi mínzhòng bù huì zhīchí bàojūn huò bàzhǔ (bà, yòng mán lì tǒngzhì de lǐngzhǔ). Xúnzi de dútè zhī chù zàiyú, tā qiángdiào yíshì shì yīgè zhìxù liánghǎo de guójiā de guānjiàn. Kěyǐ kěndìng de shì, zǎoqí de zhùzuò yě céng tǎolùnguò yíshì shì guójiā guǎnlǐ de jīchǔ, yóuqí shì "zuǒ chuán" zhōng de chǎngjǐng, qízhōng yīgè jíjiāng gōngjí lín guó de tǒngzhì zhě gōngkāi wèi zìjǐ de qīnlüè xíngwéi biànhù, lǐyóu shì tā zhǐshì zài "chéngfá" dírén bùkě róngrěn de wéifǎn yíshì de xíngwéi. Dàn xúnzi bǎ lǐ de yìyì tígāo dào yīgè xīn de gāodù: Zài tā kàn lái, tǒngzhì zhě ànzhào lǐ zhìlǐ guójiā de nénglì shì juédìng zhànchǎng chéngbài de wéiyī biāozhǔn. Zài quèdìngle "lóng lǐ" shì tōng xiàng zhìxù hé lìliàng de zhēnzhèng tújìng zhīhòu, xúnzi yòng tèyǒu de yǔyán jìnxíngle chǎnshù.

Dāng guówáng hé gōngjué zūnxún [lǐ] shí, tāmen jiùshì zhèyàng huòdé shìjiè de; dāng tāmen bù zūnxún lǐ shí, tāmen jiùshì zhèyàng shǐ tāmen de tǔrǎng hé gǔwù de jìtán mièwáng de.

Jíshǐ shì xiānjìn de jūnshì jìshù yě bǐ bù shàng yīgè "chóngshàng lǐyí, tuīchóng dàodé" de guówáng.

Yīncǐ, zài pínggū qín guó--tā jiàng zài chòumíng zhāozhù de qínshǐhuáng (gōngyuán qián 221-210 nián) tǒngzhì xià tǒngyī zhōngguó shìjiè--de liǎng duàn wénzì zhōng, xúnzi chéngrèn tā de lìliàng, dàn zhěnduàn chū yīgè kě jiūzhèng de ruòdiǎn: Tā quēfá shòuguò jiàoyù de dàodé gùwèn (rú tā zìjǐ) lái zhǐdǎo tǒngzhì zhě, shǐ qí miǎn yú zìwǒ huǐmiè de tānlán hé qīnlüè. Cǐwài, zhèyàng de gùwèn yīnggāi yǒu yīgè rújiā de fāngxiàng ("xúnzi" 8.2-10 Hé 16.4-6). Dà duōshù gǔdài zuòjiā de pànduàn shì, qín guó cóng wèi jiūzhèngguò zhège ruòdiǎn.

SOURCE OF "RITES" ("礼" 的来源)

1	礼仪	Lǐyí	Etiquette; rite; protocol
2	修养	Xiūyǎng	Accomplishment; training; mastery
3	可能会	Kěnéng huì	Likely; may; maybe
4	圣人	Shèngrén	Sage; wise man
5	典范	Diǎnfàn	Model; example; paragon
6	自己的	Zìjǐ de	Self
7	坚持认为	Jiānchí rènwéi	Insist; insist that; insist on
8	行为准则	Xíngwéi zhǔnzé	Standard of conduct; principles of conduct
9	一丝	Yīsī	A little bit
10	事实证明	Shìshí zhèngmíng	Prove by facts; proof
11	相当于	Xiāngdāng yú	Be equal to, correspond to, be equivalent to
12	路标	Lùbiāo	Guidepost; road sign; route marking; route sign
13	渡河	Dùhé	Cross a river
14	危险的地方	Wéixiǎn dì dìfāng	Deathtrap; dangerous place; harm's way
15	标出	Biāo chū	Section out; scale out
16	被称为	Bèi chēng wèi	Known as; be known as; be called
17	君子	Jūnzǐ	A man of noble character; gentleman
18	自强不息	Zìqiángbùxī	Exert oneself constantly; constantly strive to become stronger

19	此后	Cǐhòu	After that; after this; from now on; henceforth
20	归咎于	Guījiù yú	Impute to; attribute a fault to; put the blame on
21	无知	Wúzhī	Ignorant
22	虚伪	Xūwèi	Sham; false; hypocritical
23	统治者	Tǒngzhì zhě	Ruler; sovereign
24	不可能	Bù kěnéng	Impossible
25	繁荣昌盛	Fánróng chāngshèng	Thriving and prosperous
26	不善	Bùshàn	Not good at; a bad hand at
27	消灭	Xiāomiè	Perish; die out; annihilate

Chinese (中文)

荀子如此强调礼仪在道德自我修养中的作用，人们可能会问，圣人自己都没有这样的典范，他们是如何做到完善自己的。荀子坚持认为仪式超越了任何任意的行为准则，因为它们符合人类的基本倾向，这已经为我们提供了一丝答案。但在其他地方，这个问题得到了更全面的解决。事实证明，这些仪式相当于有用的路标。就像那些渡河的人 "标 "出危险的地方一样，圣人通过仪式 "标出道路"（**biao dao** 表道），这样人们就不会再跌倒（《荀子》**17.11**）。

荀子在这个比喻中提到的 "道 "有时被称为 "常"。天行健，君子以自强不息；因此，人们必须学会如何以 "正治 "来应对它们，此后，将自己的不幸归咎于天，不是无知就是虚伪。当一个统治者把一个国家治理得很好时，必然会有好的结果；当一个统治者把一个国家治理得不好时，必然会有坏的结果。灾难不可能有长期的后果，因为一个治理良好的国家即使面对灾难也会繁荣昌盛，而一个治理不善的国家即使完全避免了灾难，也会被消灭。

Pinyin (拼音)

Xúnzi rúcǐ qiángdiào lǐyí zài dàodé zìwǒ xiūyǎng zhōng de zuòyòng, rénmen kěnéng huì wèn, shèngrén zìjǐ dōu méiyǒu zhèyàng de diǎnfàn, tāmen shì rúhé zuò dào wánshàn zìjǐ de. Xúnzi jiānchí rènwéi yíshì chāoyuèle rènhé rènyì de xíngwéi zhǔnzé, yīnwèi tāmen fúhé rénlèi de jīběn qīngxiàng, zhè yǐjīng wèi wǒmen tígōngle yīsī dá'àn. Dàn zài qítā dìfāng, zhège wèntí dédàole gèng quánmiàn de jiějué. Shìshí zhèngmíng, zhèxiē yíshì xiāngdāng yú yǒuyòng de lùbiāo. Jiù xiàng nàxiē dùhé de rén"biāo"chū wéixiǎn dì dìfāng yīyàng, shèngrén tōngguò yíshì"biāo chū dàolù"(biao dao biǎo dào), zhèyàng rénmen jiù bù huì zài diédǎo ("xúnzi"17.11).

Xúnzi zài zhège bǐyù zhōng tí dào de"dào"yǒushí bèi chēng wèi"cháng". Tiān xíng jiàn, jūnzǐ yǐ zìqiángbùxī; yīncǐ, rénmen bìxū xuéhuì rúhé yǐ"zhèngzhì"lái yìngduì tāmen, cǐhòu, jiāng zìjǐ de bùxìng guījiù yú tiān, bùshì wúzhī jiùshì xūwèi. Dāng yīgè tǒngzhì zhě bǎ yīgè guójiā zhìlǐ dé hěn hǎo shí, bìrán huì yǒu hǎo de jiéguǒ; dāng yīgè tǒngzhì zhě bǎ yīgè guójiā zhìlǐ dé bù hǎo shí, bìrán huì yǒu huài de jiéguǒ. Zāinàn bù kěnéng yǒu chángqí de hòuguǒ, yīn wéi yīgè zhìlǐ liánghǎo de guójiā jíshǐ miàn duì zāinàn yě huì fánróng chāngshèng, ér yīgè zhìlǐ bùshàn de guójiā jíshǐ wánquán bìmiǎnle zāinàn, yě huì bèi xiāomiè.